Die größten Bergischen Bauwunder

Maximilian Berkel & Folke Obermark-Stiller

Beiträge zur Denkmal- und
Stadtbildpflege
des Wuppertals, Bd. 13

SCHNELL + STEINER

Inhalt

Was ist ein Denkmal?
› Seite 4
Wie werden Denkmäler geschützt und gepflegt? Denkmäler und ihre Geschichten ...

Der Altenberger Dom
› Seite 10
Der Dom im Grünen: prunkvolle Fenster im Tal der Dhünn ...

Schloss Burg
› Seite 18
Die Residenz der Grafen von Berg und eine der wichtigsten Burgenanlagen in NRW ...

Schloss Bensberg
› Seite 26
Ein märchenhaftes Schloss in Bergisch Gladbach – mit Blick auf den Kölner Dom ...

Die Müngstener Bücke

› Seite 32

Bis heute ist die „Müngstener-Brücke" mit 107 Metern die höchste Eisenbahnbrücke Deutschlands …

Die Schwebebahn

› Seite 40

Was schlängelt sich da durchs Tal? Ein ganz besonderes Fortbewegungsmittel über der Wupper …

Die Schwimmoper

› Seite 50

Eine Oper, die schwimmt? Das kann nicht sein! Badespaß in Wuppertal …

Der Nevigeser Dom

› Seite 58

Ganz viel Beton … und doch wunderschön. Ein imposanter Dom in Neviges …

Impressum / Autoren   Seite 64

Was ist ein Denkmal?

Ein Denkmal ist ein besonderes Gebäude. Es kann durch seine Geschichte berühmt sein. Manchmal sind Gebäude auch wichtig, da bedeutende Personen in ihnen geboren wurden oder lebten. Dabei kann ein Denkmal durch sein Alter oder den Baustil besonders beeindruckend sein. Der Baustil beschreibt die Richtung der Architektur, in der ein Gebäude gebaut wurde. Jeder Baustil hat seine für ihn typischen Formen, Farben oder Materialien. Du kennst bestimmt selbst schon einige Stile. Sicher ist dir schon aufgefallen, dass z.B. Kirchen früher anders gebaut wurden als heute. Das kann mit der Änderung der Gestaltung zusammenhängen oder mit Technologie. Im Laufe der Jahrhunderte sind viele neue Techniken oder Materialien dazugekommen.

Meistens sind Denkmäler in ihrer Art und Weise einzigartig im Vergleich zu anderen Bauwerken. Im Gesetz ist ein Denkmal immer: „Bedeutend für die Geschichte des Menschen". Doch was ist diese Bedeutung?

Besonders imposant sind meistens höhere Gebäude, wie etwa Türme. Hier siehst du den Toelleturm in Wuppertal am Rande der Barmer Anlagen. Er verdankt seinen Namen seinem Stifter Ludwig Ernst Toelle. Der Turm wurde 1887 gebaut und ist über 26 Meter hoch! (1)

Ein Bauwerk als Quelle

Für die Erforschung der Geschichte sind Quellen ganz wichtig - also der Ursprung, woher die Informationen stammen. Eine Quelle kann dabei sehr vielfältig sein. Sie kann ein Schriftstück sein, z.B. ein alter Brief, ein Buch oder ein Dokument. Ebenso kann sie ein Gemälde, eine Skulptur oder ein Gegenstand sein.

Aber ein Gebäude kann auch eine Quelle sein. Und das ist der Ursprungsgedanke der Denkmalpflege. Bauwerke zeigen die Geschichte der Menschen. Sie zeigen sie von jenen Leuten, die sie bauten, als auch von jenen, die in ihnen lebten. Also sollten wir einige dieser Gebäude für die Nachwelt erhalten, damit sie auch zukünftig ihre Geschichte erzählen können.

Was ist Denkmalpflege?

In der Denkmalpflege werden Gebäude geschützt und bewahrt. Dabei wird zwischen drei Grundsätzen unterschieden:

Konservierung
Bei der Konservierung geht es darum, möglichst viel von dem bestehenden Material zu erhalten. Dabei soll vor allem das ursprünglich genutzte Material, die sogenannte "historische Substanz", geschützt werden. So werden außerdem Maßnahmen ergriffen, die Schäden in der Zukunft verhindern. Sie gilt als Basis für jede weitere Arbeit mit dem Denkmal. Zur Konservierung kann auch die Dokumentation des Gebäudes gehören. Eine gute Dokumen-tation zeigt aktuelle und bereits gelöste Probleme. Außerdem kann sie auch Wege für die Zukunft aufzeigen.

Hier siehst du eine Schutzverglasung für historische Fenster. Da die wertvollen Fenster dem Wetter ausgesetzt sind, werden sie mit einer Schutzverglasung abgesichert. Damit die Kirchen nicht von außen aussehen wie moderne Gebäude, bekommt diese Schutzverglasung auch ein Netz aus Bleiruten (die grauen Linien), so wie es die alten Fenster auch haben. (2)

Restaurierung

Bei der Restaurierung geht es nicht um eine leckere Variante eines Restaurants. Hier werden beschädigte Teile von Kunst- und Kulturobjekten fachgerecht wieder hergerichtet. Alles geschieht auf der Grundlage von Quellen, z.B. alten Fotos. Restauratoren sind handwerklich und künstlerisch begabt und wurden extra für diese anspruchsvolle Arbeit ausgebildet. Meistens sind sie spezialisiert auf einen Kunstbereich – wie z.B. Holzarbeiten, Glasobjekte, Ton und Keramikarbeiten.

Die Restauratorin Stefanie bei der Restaurierung eines Altars. (3)

Rekonstruktion

Manchmal kann es vorkommen, dass durch Verfall oder Zerstörung viele Teile eines Bauwerks fehlen oder das Bauwerk selbst nicht mehr existiert. Oft muss abgewogen werden, ob eine Rekonstruktion vorgenommen wird, da die Zerstörung Teil der Geschichte des Bauwerkes ist. Häufig kann die Zerstörung auch eine besondere Bedeutung haben. Ein Bauwerk durchlebt in den verschiedenen Zeiten oft auch unterschiedliche Formen der Sanierungen.

Dann stellt sich die Frage: Welcher Zustand des Gebäudes soll wieder hergestellt werden? Meistens wird versucht, sich am Ursprungszustand, also dem Moment nach der Erbauung, zu orientieren. Die Rekonstruktion erfolgt ebenfalls auf der Grundlage von Quellen. Diese Quellen werden dann zuerst von der Forschung ausgewertet. Dadurch entsteht ein verlässliches Ergebnis, wie die Gebäudeteile einmal ausgesehen haben.

Zu sehen ist die Frauenkirche in Dresden. Sie ist ein bekanntes Beispiel für eine Rekonstruktion. (4)

Weißt du schon ...
... was "historische Substanz" ist?
Handelt es sich bei dieser Substanz um einen altertümlichen Zaubertrank? Nein! Substanz kommt aus dem Lateinischen „sub stare" und meint „darunter stehen". Sie bildet also einen Grundstock, auf dem alles weitere aufbaut. Für Denkmäler heißt das: Substanz ist der originale Teil des Gebäudes.

Beruf und Berufung

In der Denkmalpflege gibt es eine Menge unterschiedliche Berufe. Es werden sehr viele Handwerker und Handwerkerinnen mit besonderen Fähigkeiten gebraucht, um ein altes Gebäude zu reparieren.

Was ist Denkmalschutz?

Denkmalschutz bezieht sich auf ein Gesetz. Gesetze kennst du auch. Sie beinhalten Regeln, an die sich alle halten müssen. Ein Gesetz bringt immer Pflichten mit sich, aber bietet gleichzeitig auch Schutz. Steht ein Gebäude unter Denkmalschutz, dann besteht z. B. die Pflicht, bei Veränderungen Bescheid zu sagen. Du darfst sicherlich auch nicht einfach bei dir zu Hause dein Zimmer ohne Zustimmung deiner Eltern streichen. Aber man kann auch Hilfe angeboten bekommen: entweder als Beratung oder in Form von Geld. Das Denkmal wird vor großen Veränderungen oder vor Abriss geschützt.

Für den Schutz der Denkmäler sind Denkmalbehörden zuständig. Es gibt sie in fast jeder Stadt. Auch gibt es größere Verbände und Stiftungen, die sich für Denkmäler und deren Erhalt einsetzen. Von staatlicher Seite gibt es noch Landesämter und Ministerien.

Denkmäler und Kulturgüter

Gibt es einen Unterschied zwischen Denkmälern und Kulturgütern? Ein Denkmal ist meistens ein Gebäude oder eine öffentliche Skulptur. In den meisten Fällen also etwas Gebautes. Ein Kulturgut kann sowohl etwas Gebautes sein, als auch viele andere Dinge umfassen. So kann ein Kulturgut ein Gemälde sein, eine alte Waffe, eine besondere Münze oder ein Musiktext.

Kulturgüter müssen ebenso wie Denkmäler geschützt werden. Für den Schutz sind ganz viele unterschiedliche Leute notwendig. Meistens werden Kulturgüter in einem Museum, einem Archiv oder einer Bibliothek aufbewahrt und erforscht. Forschung gibt es zu vielen Themen: z. B. Natur, Geschichte, Kunst und Kultur.

Hier siehst du einen Silbertaler von Wilhelm V. Er war der Herrscher der „Vereinigten Herzogtümer Jülich-Kleve-Berg". Die Münze wurde 1550 geprägt, auf der Vorderseite sieht man Wilhelm im Porträt. (5)

Die Vorderseite in ihrer Originalgröße von 41 mm

Die Lilienhaspel aus Kleve

Der Löwe aus Jülich

Der Schachbalken aus Mark

Der Löwe mit zwei Schwänzen aus Berg

Der Sparren aus Ravensberg

Welterbe

Die Abtei Corvey aus dem 9. Jahrhundert befindet sich in der Nähe von Höxter. Sie ist ein bedeutendes Bauwerk und wurde so 2014 zum UNESCO-Welterbe erklärt. (6)

Vielleicht hast du schon mal etwas von einer Erbschaft gehört. Dabei handelt es sich um die Dinge, die ein Mensch seiner Familie, seinen Freunden oder anderen hinterlässt, wenn er stirbt. Beim Welterbe ist dies genauso. Viele Menschen, die vor uns lebten, haben großartige Dinge geschaffen für alle Leute, die nach ihnen kamen. Somit sind wir alle Erben dieser Kulturgüter und Denkmäler. Aber mit einer Erbschaft bekommt man nicht nur die schönen Dinge, sondern auch die Pflicht, sich darum zu kümmern.

Manche Denkmäler sind so bedeutend, dass sie nicht nur für die Stadt wichtig sind, in der sie stehen, sondern für die ganze Welt. Du kennst sicherlich auch einige Bauwerke, die fast jeder kennt, z. B. Stone Henge, den Tower of London oder den Kölner Dom. Damit die besondere Bedeutung dieser Bauwerke gewürdigt wird und viele Leute dabei helfen, sie für die Zukunft zu erhalten, gibt es den besonderen Status des UNESCO-Welterbes.

Der Altenberger Dom

Besucher aus Morimond (heute: östliches Frankreich) standen vor Graf Adolf II. von Berg.
Es handelte sich hierbei um Mönche des Ordens der Zisterzienser. Sie wollten gerne ein Kloster in dieser Region errichten. Zunächst zogen sie auf das Gelände der ehemaligen Burg der Familie des Grafen von Berg. Die Familie war zuvor nach Neuenberge (Schloss Burg) umgezogen. Im Jahr 1133 wurde auf dem Gelände der abgebrochenen Burg mit dem Bau eines Klosters begonnen. Relativ schnell wurde die Baustelle aber in das Tal verlegt. Man wollte sich die bessere Lage am Rande des Flusses zu Nutze machen.

Abgebildet ist der Innenraum des Doms mit Blick in den Chorbereich. (7)

Der Dombau

1259 wurde der Grundstein für eine neue große Kirche, dem heutigen Altenberger Dom, gelegt. 1379, also 120 Jahre später, erhielt der Dom seine Schlussweihe.
Der Altenberger Dom ist von der Bauform eine Basilika. Du fragst dich bestimmt: Was ist eine Basilika? Die meisten Kirchen lassen sich grob in zwei Kategorien fassen: Basilika oder Hallenkirche. Diese Bautypen beziehen sich auf die Decken und Seiten der Kirchen. Bei einer Halle sind alle Decken gleich hoch. Bei einer Basilika hat man ein Mittelschiff und flankierende Seitenschiffe, die niedriger sind als der Mittelteil. In der Gotik werden diese Seitenschiffe mit

Kurz und knapp

- Bauzeit: 1259-1379
- Baustil: Gotik
- Bauherr: Graf Adolf IV. von Berg
- Material: Drachenfelder Trachyt, Tuff, Grauwacke
- Denkmallisteneintragung: 26.10.1983

Strebepfeilern ausgestattet, um die Kräfte, die auf das Dach drücken, besser abzuleiten. So können sowohl die Seitenschiffe als auch der Obergaden (das ist die obere Fenstergalerie im Mittelschiff) mit großen Fenstern ausgestattet werden.

Als Hauptmaterial für den Dom wurde Drachenfelder Trachyt gewählt. Das ist ein rauer Vulkanstein, der am Drachenfels in Königswinter bei Bonn abgebaut wurde. Für mittelalterliche Baustellen war es wichtig Materialien zu bevorzugen, die sich in der Nähe fanden.

Die Decke im Altenberger Dom ist gewölbt. Es handelt sich um ein Kreuzrippengewölbe. Das heißt, die Form des Gewölbes erinnert an die Rippen eines Skeletts. Zwei weitere wichtige Bauteile sind das Querhaus und der Chor. Das Querhaus heißt so, weil es quer zum Mittelschiff steht. Auch hier befindet sich ein großes Fenster. Du kannst es sehen, wenn du seitlich vom Dom neben den zwei Bäumen stehst!

Auch der Chor als der Altarbereich ist sehr wichtig. Er ist als Umgangschor angelegt, so dass man einmal drumherum gehen kann. Diese Art der Gestaltung diente im Mittelalter dazu, Pilgerströme gut durch die Kirchen zu leiten. Auch hier befinden sich außen viele Strebepfeiler.

Von hier aus schaust du auf die äußere Gestalt des Chorbereichs mit den Strebepfeilern. Sie ermöglichen sowohl im Unter- als auch Obergeschoss Fenster zu haben. (8)

Das große Westfenster ist mit Silbergelb gestaltet, wenn die Sonne durchscheint, wirkt es wie Gold. (9)

Die Fenster

Der Wunsch der Zisterzienser einer genügsamen Gestaltung findet sich auch in den Fenstern wieder: Die Grisaille-Fenster (Schwarz-Weiß-Gestaltung) waren im Orden der Zisterzienser weit verbreitet. Später wurden diese Grisaille-Fenster auch mit Silbergelb ausgestattet, einer wie Gold wirkenden Farbe.

Besonders hervorzuheben ist hierbei, dass die Fenster nie ganz Schwarz-Weiß sind, da das Glas eine natürliche Färbung besitzt und meistens grünlich wirkt. Bei einer genauen Betrachtung kannst du es erkennen! Durch ein Verbot figürlicher Darstellung gab es in den Zisterzienserkirchen meistens nur pflanzliche Ornamente zu sehen.

Imposant ist natürlich das große Fenster im westlichen Teil der Kirche über dem Portal. Es ist zu seiner Zeit eines der größten Fenster nördlich der Alpen! Es wurde um 1400 fertiggestellt und hat über 144m². Es stellt das himmlische Jerusalem aus der Bibel dar, eine strahlende Stadt im goldenen Licht. Dieses Licht wird durch das Silbergelb hervorgerufen. Es ist in jeweils acht Fensterbahnen unterteilt. Solche Fenster werden als Maßwerkfenster bezeichnet, da sie eine Verbindung von Steingestaltung im oberen Teil der Fenster mit dem Glas eingehen.
Als Motiv sind hier viele Heilige, Stifter, Kirchenväter und Engel gewählt. Auch zeigt sich hierbei deutlich, dass das Verbot von Bildern gelockert worden war.

Dieses Fenster im Seitenschiff ist größtenteils ohne Figuren gestaltet und benutzt die strahlenden Grundfarben. Außerdem kann man die Architekturrahmen (sogenanntes Maßwerk) besser erkennen. (10)

Weißt du schon ...

... dass im Dom zwischenzeitlich ein Chemie-Labor untergebracht war?

Zwei Chemiker mieteten das Gelände, um dort die Farbe „Berliner Blau" herzustellen. Dieses Labor hatte schwerwiegende Folgen für den Dom, da es 1815 im Kapitelsaal der Abtei zu einer lauten Explosion und einem großen Feuer kam. Das Kloster nahe dem Dom brannte fast völlig ab und auch das Dach der Abteikirche wurde zerstört.

Die Berger und der Dom

Wie du bestimmt bereits vermutet hast, hat der Name des Domes mit den Grafen von Berg zu tun. Da das heutige Schloss Burg Neuenberge hieß, hieß die alte Burg demnach Altenberge. Somit lässt sich auch der Name des Klosters und des Domes erklären.
Aber die Familie Berg hatte auch eine weitere besondere Beziehung zum Dom: Für viele der Familienmitglieder diente er als Grabstätte bis ins 16. Jahrhundert!

(11)

Die Mönche

Bereits Ende des 12. Jahrhunderts lebten über 107 Mönche und 138 Konversen (Laienbrüder, die keine Weihe empfangen haben) im Kloster. Auch hatte Altenberg fünf Töchterklöster, z.B. in Mariental bei Helmstedt. Der Alltag der Zisterzienser war körperlich anstrengend. Der Orden entstand aus dem Orden der Benediktiner. Die Zisterzienser konzentrierten sich in ihrem Alltag auf Gebete, Lesungen und die tägliche (landwirtschaftliche) Arbeit. Auch war es ihnen wichtig, ein "schlichtes" Gotteshaus zu haben. Daher ist der Altenberger Dom für ein gotisches Bauwerk eher bescheiden gehalten.

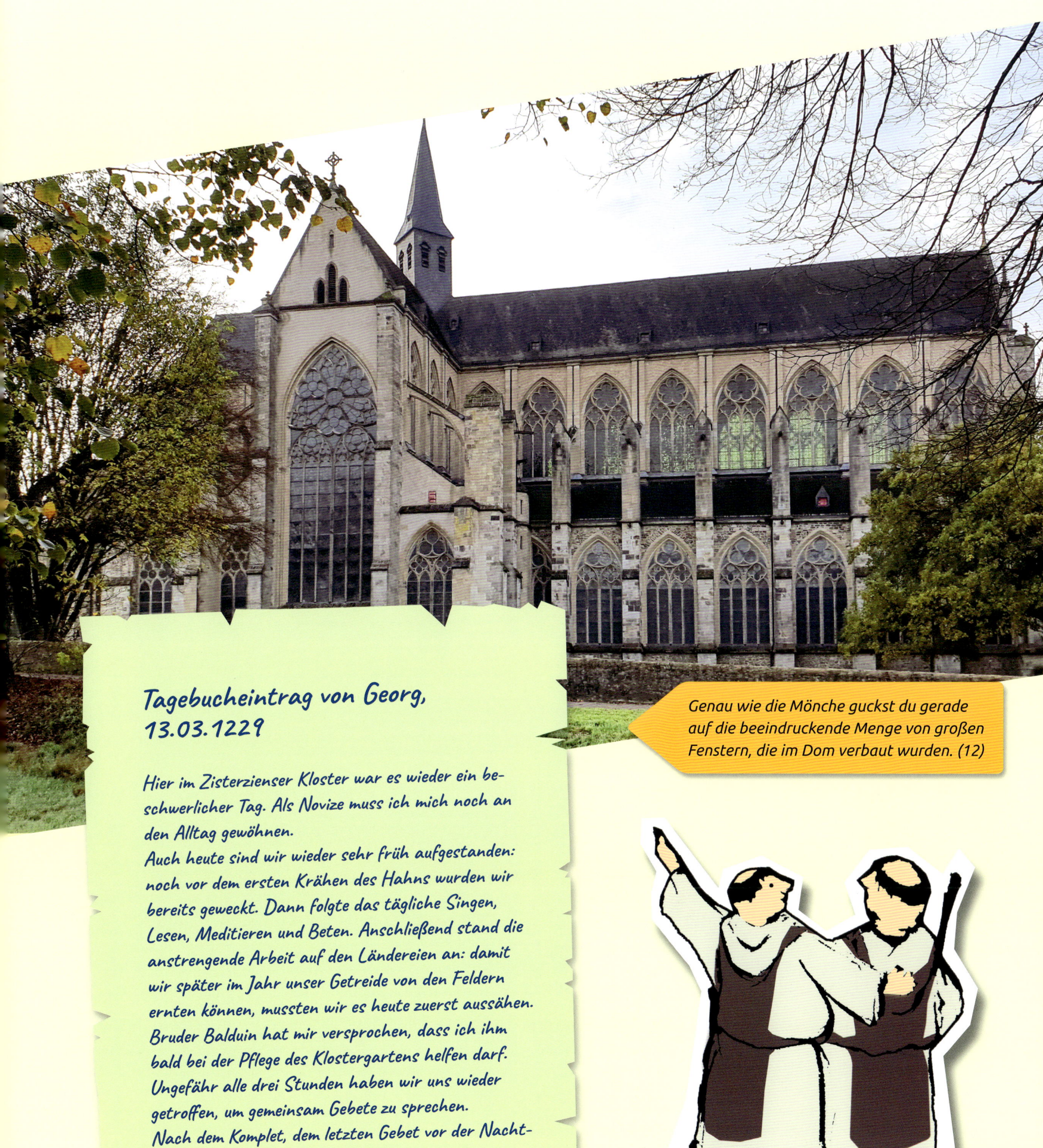

Tagebucheintrag von Georg, 13.03.1229

Hier im Zisterzienser Kloster war es wieder ein beschwerlicher Tag. Als Novize muss ich mich noch an den Alltag gewöhnen.
Auch heute sind wir wieder sehr früh aufgestanden: noch vor dem ersten Krähen des Hahns wurden wir bereits geweckt. Dann folgte das tägliche Singen, Lesen, Meditieren und Beten. Anschließend stand die anstrengende Arbeit auf den Ländereien an: damit wir später im Jahr unser Getreide von den Feldern ernten können, mussten wir es heute zuerst aussähen. Bruder Balduin hat mir versprochen, dass ich ihm bald bei der Pflege des Klostergartens helfen darf. Ungefähr alle drei Stunden haben wir uns wieder getroffen, um gemeinsam Gebete zu sprechen.
Nach dem Komplet, dem letzten Gebet vor der Nachtruhe, ging ich müde vom Tag zu Bett.

Genau wie die Mönche guckst du gerade auf die beeindruckende Menge von großen Fenstern, die im Dom verbaut wurden. (12)

Der Dom in neuer Zeit

1803 wurden zahlreiche Kirchenbesitztümer säkularisiert. Das bedeutet, der Staat entzog der Kirche zahlreiche Besitztümer, wie etwa Land, Vermögen oder Gebäude.

Jedoch konnte der Dom bereits 1847 erneut geweiht werden. 1857 beschloss der preußische König Wilhelm IV., dass der Dom von nun an simultan genutzt werden solle. Das heißt, dass der Dom nicht nur von den katholischen, sondern auch von den evangelischen Gläubigen für ihre Gottesdienste genutzt werden konnte. Wilhelm IV. selbst war evangelisch.

Ein weiteres wichtiges Datum ist die Gründung des Altenberger Dom-Vereins 1894. Er besteht bis zum heutigen Tag und unterstützt den Dom.

Der Dom erfuhr in seiner langen Geschichte immer wieder aufwändige und langjährige Sanierungen. Eine der intensivsten waren die von 1994 bis 2005 durchgeführten Renovierungsarbeiten durch das Land NRW.

Hier kann man das große Fenster über dem Westportal von außen sehen. (13)

Weitere spannende Kirchen

Im Mittelalter wurden sehr viele große und imposante Kirchen gebaut, da die Leute sehr gläubig waren. In Nordrhein-Westfalen gibt es weitere besondere Dome:

Der Essener Dom
Am Anfang des Kapitels hast du etwas über Bauformen erfahren… weißt du es noch? Der Essener Dom ist nämlich eine Hallenkirche, d.h. die Decken im zentralen Schiff sind gleich hoch. Dadurch ist die Raumwirkung gänzlich anders. Zudem ist der Dom für seine Würfelkapitelle im Atrium bekannt und natürlich für seine goldene Madonna. Sie wurde früher auch zu Prozessionen an Festtagen mitgeführt.

(14)

Der Kölner Dom

Der Kölner Dom hatte eine sehr lange Bauzeit. Er wurde 1248 begonnen und erst 1880 vollendet, da die Baustelle mehrere Jahrhunderte brach lag. Er gilt als eines der Hauptwerke der Gotik und ist die dritthöchste Kirche der Welt!
Er beherbergt den Sarkophag mit den Knochen der Heiligen Drei Könige. Daher ist er für Pilger und Gläubige ein wichtiges Reiseziel. Auch hat er große Kunstschätze zu bieten.

(16)

(15)

Aachener Dom

Der Aachener Dom hat eine wichtige Geschichte. Erbaut wurde er unter Karl dem Großen (um 795 bis 803). Auch befindet sich sein Thron noch im Oktogon (achteckiger Kern) der Kirche. Der Dom wurde im Laufe seiner Geschichte immer wieder erweitert. Besonders hervorzuheben ist das Seitenschiff, genannt „Glashaus". Die Außenwände sind dabei fast vollständig durch Fenster aufgebaut – eine statische Meisterleistung!

(17)

(18)

Schloss Burg

Ein Geländesporn oder auch Bergsporn ist ein schmal zulaufender Felsen. Er steht z. B. aus einem Berghang hervor. Solche Stellen sind schwer zugänglich und waren bevorzugte Plätze, um dort Burgen zu errichten. Von dort aus lassen sie sich besser verteidigen und sind schwieriger anzugreifen.

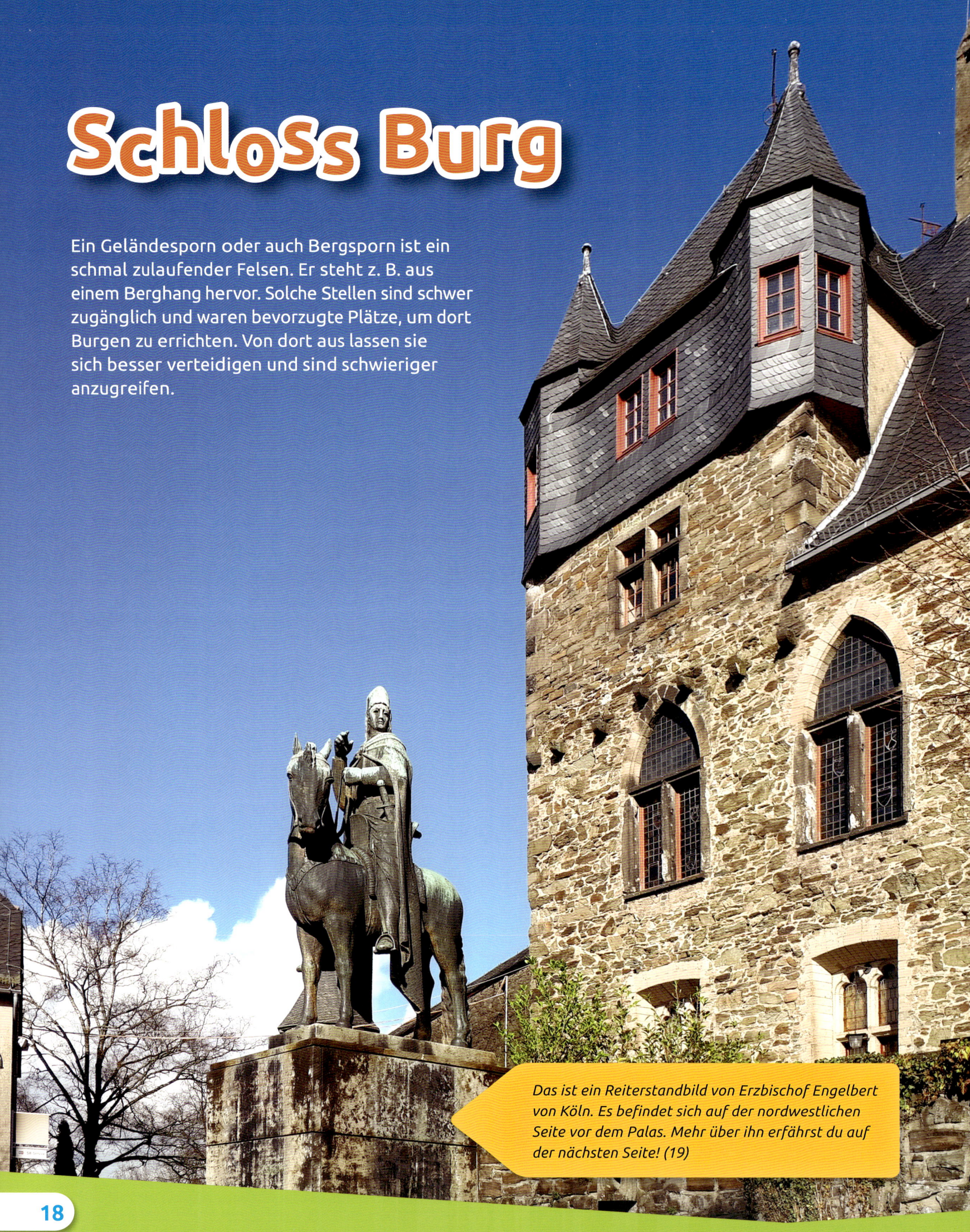

Das ist ein Reiterstandbild von Erzbischof Engelbert von Köln. Es befindet sich auf der nordwestlichen Seite vor dem Palas. Mehr über ihn erfährst du auf der nächsten Seite! (19)

Es ist schwer zu sagen, wann genau die heute Schloss Burg genannte Burganlage ca. 100 Meter oberhalb der Wupper gebaut wurde. Graf Adolf II. von Berg ließ die Burg bauen. Es ist zu vermuten, dass sie im Jahr 1133 fertig gestellt und auch bezogen war. Denn in diesem Jahr zogen Mönche des Zisterzienserordens in die alte Stammburg der Grafen von Berg im Odenthal ein, um nun dort zu leben. Später bauten die Mönche im darunterliegenden Tal das Kloster Altenberg. Sie ließen die alte Burg Berge zurück.

Die Wahl für das neue Zuhause der Familie der Grafen von Berg fiel auf das heutige Solingen im Stadtteil Burg oberhalb der Wupper.

Ihr Herrschaftsgebiet hatte sich durch neue Herrschaftsgebiete nach Westen verlagert. So war nach und nach die alte Stammburg nicht mehr in der Mitte des Herrschaftsgebiets gelegen. Also suchte man nach einem besseren Ort und der war gut gewählt: Der Burgfelsen fällt an drei Seiten steil zur Wupper ab. Er ist nur im Osten einfacher zu erreichen. Von daher war eine Burg an dieser Stelle nur schwer einzunehmen. Diese „neue Burg" oder „neue Berg" war kleiner als die heutige Anlage. Es gab den Bergfried, einen hohen, starken Turm und das Wohngebäude der Familie, den Palas. Zudem bestand die Anlage aus einigen Wirtschaftsgebäuden und einer Schildmauer. Zusammen mit einigen Gräben diente diese besonders hoch und stark ausgelegte Befestigungsmauer dem Schutz der Burg.

Kurz und knapp

- Bauzeit Ursprungsbau: 1. Drittel des 12. Jahrhundert
- Burgtyp: Höhenburg
- Bauherr: Graf Adolf II. von Berg
- Material: Grauwacke, Holz, Schiefer
- Bauzeit Rekonstruktion: 1894-1919
- Architekt Rekonstruktionsentwurf: August Fischer
- Bauherr: Schlossbauverein e.V.
- Denkmallisteneintragung: 02.10.1984

Diese Statue von Adolf I. von Berg steht ebenfalls vor dem Palas der Burg, jedoch auf nordöstlicher Seite. (20)

Herrschaftsmittelpunkt

1160 wird Burg Neuenberge urkundlich, also in einer Quelle, erstmals erwähnt. Aber erst 1218 begannen Baumaßnahmen auf der Burg.
In diesem Jahr übernahm der Kölner Erzbischof und Graf von Berg Engelbert II. die Burg und die Herrschaft der Grafschaft Berg, obwohl eigentlich seine Nichte erbberechtigt war.
Engelberts Bruder war auf einem Kreuzzug gestorben. Als Erzbischof von Köln, als Vertrauter des Kaisers und Vormund vom Sohn des Kaisers war Engelbert politisch sehr einflussreich. Den damit verbundenen Repräsentationsaufgaben und seinem eigenen Anspruch konnte die alte Burganlage nicht mehr genügen. So erweiterte er die Burg in den folgenden Jahren zu einer großen Hofburg: mit einem neuen Palas, einer Kemenate (einem Kaminraum) und einer neuen Burgkapelle. Um die Burg herum war eine Handwerkssiedlung entstanden. Damit die dort lebenden Menschen geschützt waren, wurde eine Ringmauer um die Siedlung gezogen. Zusätzlich wurde eine Eroberung der Burg durch den Bau von Zwingermauern und Vorburgmauern erschwert. Im Jahr 1380 wurde Wilhelm II. vom Grafen zum Herzog von Berg erhoben. Bis dahin blieb die Burg Herrschaftsmittelpunkt und bevorzugter Aufenthaltsort der Landesherren. Als Herzog wählte Wilhelm II. Düsseldorf als Residenzstadt des Herzogtums Berg. Von nun an wohnte er lieber in Düsseldorf. Außerdem hatte sich die Kriegsführung verändert. Es wurden Kanonen eingesetzt, die weite Entfernungen überbrücken konnten. Dadurch wurde die Verteidigung einer Burg fast unmöglich.

Das Bild zeigt den ehemaligen Pferdestall. Das Gebäude stammt aus der Bauzeit von 1902 bis 1910. (21)

So sehen die Gebäude im Zwingerhof hinter dem Eingang durch das Grabentor aus. (22)

Weißt du schon ...
... welche Burgentypen es gibt?

Auch bei Burgen kann man zwischen verschiedenen Typen unterscheiden. Zumeist werden sie nach ihrer Form, ihrem Bauherren oder ihrer Lage bestimmt.
Nach ihrer Lage in einem Gelände wird entweder von Höhenburgen oder von Niederungsburgen gesprochen. Innerhalb dieser zwei Arten werden weitere Unterscheidungen getroffen. Eine Höhenburg kann zum Beispiel ganz oben auf einem Berggipfel stehen, das nennt man eine Gipfelburg. Oder sie kann auf einem Felsensporn stehen, sich aber unterhalb des Berggipfels befinden. Dann nennt man sie eine Spornburg. Du hast bereits eine Spornburg kennengelernt. Bei Schloss Burg handelt es sich nämlich um eine Höhenburg, die auf dem steilen Bergsporn über dem Tal der Wupper errichtet wurde. Somit ist sie eine Spornburg.

Jagdschloss

Die bergischen Landesherren nutzten die Burg jedoch auch weiterhin. Nun allerdings als Jagdschloss und für besondere Feierlichkeiten. Für diesen Zweck wurde die Burg entsprechend ausgebaut: der Palas wurde erweitert, es wurden größere Fenster eingesetzt, Gästezimmer errichtet und die Küche für die Bewirtung vieler Gäste erweitert. Das geschah in Form eines mehrstöckigen Anbaus an den Palas. Zudem wurde die Fassade der Burganlage verändert. So sollte die alte Burg auch äußerlich mehr und mehr in ein Schloss verwandelt werden. Dazu wurde die Fassade durch Fachwerkelemente und Erker aufgelockert.

Weitere Nutzung bis zum Verfall (17. - 19. Jh.)

Während des Dreißigjährigen Krieges wurde die Burg belagert, besetzt und stark beschädigt. Nach Ende des Dreißigjährigen Krieges wurden die Befestigungsanlagen samt Bergfried geschleift. Auch die Johanniterkirche wurde zerstört. Die restlichen Gebäude dienten bis zur Verwaltungsreform von Napoléon Bonaparte als Verwaltungssitz. Danach wurde die Burg nicht mehr gebraucht und die französische Regierung versuchte, die Burg zu verkaufen. Ohne Erfolg. Die verlassenen Gebäude wurden nun von unterschiedlichen Fabrikanten genutzt. Etwa zur Fertigung von gewebten Rosshaarwolldecken kamen dort eine Rossmühle und Wollspinnerei unter. Schließlich kam die Schule des Ortes in den Räumen unter, bis auf dem Burggelände ein neues Schulgebäude errichtet wurde.

Der preußische Staat, in dessen Besitz Schloss Burg gelangt war, verkaufte das noch nutzbare Material. So wurden Holz-und Eisenteile nach Elberfeld transportiert und dort für den Bau des Elberfelder Landgerichts genutzt. Die Bewohner der Umgebung nutzten die Gebäude als Steinbruch.

Gründung Schlossbauverein und weitere Nutzung

Die Frage, was man mit der Burgruine machen sollte, tauchte immer häufiger auf. Unter der Initiative des Wermelskirchener Fabrikanten Julius Schumacher wurde 1887 der „Verein zur Erhaltung der Schlossruine zu Burg an der Wupper" (dem heutigen Schlossbau Verein e. V.) gegründet. Der Wiederaufbau von Schloss Burg fand zahlreiche Unterstützer – Privatpersonen und Vereine wie etwa der Bergische Geschichtsverein, den Schumacher von Anfang an mit ins Boot geholt hatte.

Der Architekt Gerhard August Fischer lieferte erste Ideen und Entwürfe. Er wurde aber nach dem Einsturz des fast fertigen Bergfrieds entlassen. Finanziert wurde die Rekonstruktion durch Veranstaltungseinnahmen, Lotterieerlöse und zahlreiche Spenden. 1888 begannen die Bauarbeiten, 1894 konnte im rekonstruierten Palas das Bergische Museum Schloss Burg einziehen.

Der Batterieturm mit seinen dicken Mauern. (23)

1899 kam Kaiser Wilhelm II. zu Besuch. 1919 war der Wiederaufbau fast abgeschlossen. Die Bürger hatten ihr Schloss Burg wieder.
Ab den 1950er Jahren entwickelte sich Schloss Burg zu einem beliebten Ausflugsziel. Heute ist es eins der meistbesuchten Kulturstätten des Rheinlandes. Für die vielen Besucher wurde bereits 1952 eine Seilbahn gebaut, die den Ortsteil Unterburg mit Oberburg verbindet. Zahlreiche Wanderwege erschließen das Gelände und auch die Nähe zur Müngstener Brücke macht Schloss Burg zu einem beliebten Ausflugsziel. Über die Müngstener Brücke kannst du im übernächsten Kapitel mehr erfahren.
Schloss Burg ist die größte rekonstruierte Burganlage Nordrhein-Westfalens. Auch ist sie eine der größten Burgen im Westen Deutschlands. Seit dem Jahr 2014 wird Schloss Burg umfassend modernisiert.

Wir schreiben das Jahr 1526.
Mein Name ist Anna von Kleve und ich bin die Tochter von Johann III., dem Herzog von Jülich-Kleve-Berg. Ich lebe mit meiner Mutter Maria und meinen Schwestern Amalia und Sibylle auf Schloss Burg.
Unser Alltag sieht vermutlich ganz anders aus als deiner. Wir Mädchen sollen nämlich vor allem Handfertigkeiten wie Nähen und Sticken erlernen. Auch das Beten gehört dazu. Morgen ist aber ein besonderer Tag: wir feiern Sibylles Verlobung mit Johann Friedrich von Sachsen.

Statue von Adolf I. von Berg. Adolf war der erste Graf von Berg, der in einer Urkunde erwähnt wurde. (24)

Weitere Burgen und Schlösser

Neben Schloss Burg gibt es noch andere historische Wohnsitze in der Umgebung, die du entdecken kannst.

Schloss Lüntenbeck
Bereits 1217 wird Schloss Lüntenbeck erwähnt. Es wurde als Wasserburg gebaut und war lange Eigentum des 870 gegründeten Damenstifts Gerresheim, eine Art Kloster nur für Frauen. Das heutige Aussehen geht aber vor allem auf die spätere Zeit des 18. und 19. Jahrhunderts zurück. Die Anlage besteht aus mehreren Gebäuden, die unterschiedlichen Zwecken dienten. Heutzutage findet auf Schloss Lüntenbeck jedes Jahr ein Weihnachtsmarkt statt.

(25)

(26)

Schloss Hardenberg

Die Gestalt von Schloss Hardenberg in Velbert geht auf das 17. und 18. Jahrhundert zurück. Das Schloss wurde als Ersatz für die mittelalterliche Burg Hardenberg errichtet. Deren Überreste befinden sich nur 630 Meter entfernt vom heutigen Schloss. Eine Besonderheit sind die erhaltenen vier Geschütztürme aus dem 15. Jahrhundert. Sie wurden zur Verteidigung des Wohnsitzes errichtet.

(28)

(27)

Burg Elberfeld

Im Jahr 1366 wird die Burg der Adelsfamilie Elverfelde in einer Urkunde genannt. Wie sie einmal ausgesehen hat, können die Forscher leider nur vermuten. Von der ehemaligen Burg Elberfeld sind heute nur Reste im Erdboden übriggeblieben. Straßennamen wie „Turmhof" oder „Burgstraße" deuten an, wo sich die Burg befunden hat. Wenn du in die Kirchstraße in Wuppertal-Elberfeld gehst, kannst du dir die Burg als kleines Modell anschauen.

(29)

Schloss Bensberg

Unweit des Königsforsts (großes Waldgebiet) befindet sich das Schloss Bensberg. Es ist auf einem hohen Hügel errichtet und bietet einen Blick nach Köln. An klaren Tagen kann man von dort sogar den Dom sehen!

Im 18. Jahrhundert (1703) wurde es als Jagdschloss gebaut. Johann Wilhelm, genannt Jan Wellem, war Auftraggeber für dieses Bauwerk. Als Architekt wurde Graf Matteo d'Alberti mit dem Bau des Barockschlosses beauftragt.

Neben der Größe ist natürlich der italienische Einfluss für die Region interessant: Warum aber wurde ein Architekt aus Italien gewählt? Die Frau von Jan Wellem war Anna Maria de' Medici aus der berühmten Medici-Familie aus Florenz. Es gab bereits eine alte und für Anna Maria nicht so schöne Burg in Bensberg. Weit weg von zu Hause wollte sie gerne an Italien erinnert werden. Das zeigt sich auch daran, dass nicht nur die Architekten, sondern auch die Maler aus Venedig kamen. Besonders hervorzuheben sind Antonio Pellegrini und Domenico Zanetti, die zahlreiche Fresken und Gemälde schufen. Pellegrini war mit zwei Decken- und 28 Wandgemälden beauftragt.

Jan Wellem starb leider 1716 vor der Fertigstellung des Schlosses. Die Bauarbeiten wurden sofort gestoppt und sämtliche Künstler und Arbeiter entlassen. So mussten sie in ihre Heimat Italien zurückkehren.

Kurz und knapp

- Bauzeit: 1703-1710
- Baustil: Barock
- Schlosstyp: Dreiflügelanlage
- Architekt: Matteo d'Alberti
- Material: weißer Kalkstein, Backstein, Bruchstein
- Denkmallisteneintragung: 30.06.1988

Diese Sicht hat man, wenn man vom Ehrenhof auf das Schloss blickt. Von hier aus kannst du die Seitenflügel besonders gut erkennen. (30)

Der Bau

1705 begannen die Bauarbeiten für das Schloss. Hierfür mussten viele Steinbrüche in der Region erschlossen und Ziegeleien errichtet werden. Nach nur fünf Jahren war ein Großteil bereits fertiggestellt und es fehlten nur noch Details. Der Aufbau des Schlosses ist grob fünfteilig organisiert. Zentral fällt einem der Mittelbau (Corps de Logis) auf. Dieser besitzt links und rechts jeweils Seitenflügel. Der Bau ist viergeschossig, hat eine klare Struktur und Aufteilung der Achsen. Das Hauptportal ist fünffachsig gestaltet.
Das oberste Geschoss ist nicht ganz so hoch wie die anderen und erinnert damit an sogenannte Attika-Geschosse. Die Seitenflügel besitzen drei Geschosse.

Der große Platz davor ist ein Ehrenplatz (Cour d'honneur). Davor befindet sich der Militärplatz am Eingang (Place d'Armes), der links und rechts von zwei Wachhäusern (Corps de Garde) flankiert wird. Sämtliche Schlossbezeichnungen sind auch auf französisch angegeben, da zu dieser Zeit dort besonders viele pompöse Schlösser entstanden sind.

Alle Zimmer waren ursprünglich mit einem Kamin ausgestattet und die Wände waren entweder mit Gemälden oder Seidentapeten dekoriert.

Militärische Nutzung

Zu den Zeiten der sogenannten Koalitionskriege wurde im Schloss 1793 ein Feldlazarett eingerichtet. Dort wurden verletzte Soldaten versorgt. Leider war es nicht so komfortabel wie heute und es kam zu Versorgungsproblemen in der Verpflegung und zu großen Missständen in der Hygiene. Unter der französischen Besatzung wurde ebenfalls 1813 ein Lazarett im Schloss errichtet.

Eine weitere spannende Passage in der Geschichte des Schlosses verrät der heutige Straßenname: Kadettenstraße. Von 1837 bis 1918 wurde das Schloss als preußische Kadettenanstalt genutzt. Nach dem Ersten und Zweiten Weltkrieg wurde das Schloss von Besatzungstruppen verwendet. Militärisch war der Ort wertvoll, da er eine gute Lage hat und es viele Zimmer für die Unterbringung gibt.

Heutige Nutzung

Heute wird das Schloss als Fünfsterne-Hotel genutzt. Es wurde dafür im Jahr 1997 aufwändig saniert. Aktuell gibt es 77 Zimmer, 34 Suiten und einige Besonderheiten. So gibt es beispielsweise eine Kurfürsten- und Präsidenten-Suite. Auch besitzt die Anlage nun drei Restaurants und kleinere Geschäfte für Gäste. Man kann auch im Hotel heiraten, dafür gibt es einen fast 400m² großen Ballsaal. Leseratten finden dort auch eine eigene Bibliothek.

Hier siehst du die Bibliothek. (31)

Der Empfangsbereich ist auch prunkvoll gestaltet. (32)

Weißt du schon …

… warum einmal im Jahr jede Menge alte Autos nach Bergisch Gladbach kommen?

Einmal im Jahr findet auf Schloss Bensberg eine Oldtimer Rallye, die Schloss Bensberg Classics, statt. Menschen aus ganz Europa kommen dann mit ihren Oldtimern zum Schloss. Von dort starten ungefähr 50 Autos und fahren gemeinsam eine 160 Kilometer lange Strecke quer durch das Bergische Land. Außerdem werden die schönsten Autos im Innenhof des Schlosses für Besucher aufgestellt. Um an der Rallye teilnehmen zu dürfen, müssen die Autos vor dem Jahr 1979 gebaut worden sein.

An einem sonnigen Tag fand das jährliche Oldtimertreffen am Hotel statt. (33)

Stuckskulpturen im großen Ballsaal (34)

Ein prunkvoller Brunnen ist vor dem Eingang des Hotels zu finden. (35)

Hallo,

mein Name ist Louis und bin hier auf Schloss Bensberg das Schlossgespenst. Ich lebe bereits seit über 200 Jahren hier. Vorher habe ich in Frankreich auf Schloss Versailles gelebt, doch dann habe ich gehört, dass im Bergischen Land ein wunderschönes neues Jagdschloss gebaut wird. So habe ich mich auf den Weg gemacht. Im Laufe der Jahre habe ich jede Menge Veränderungen miterlebt. So bewunderte ich einst mit Johann Wolfgang von Goethe die Natur rund um das Schloss, half im französischen Lazarett die Kranken zu versorgen und spielte mit belgischen Schulkindern. Heute erschrecke ich am liebsten die Gäste des Hotels und betrachte an einem freien Tag mit gutem Wetter den Kölner Dom.

Weitere spannende historische Hotels

Hauptpostamt

Der Platz am Kolk in Wuppertal wird vor allem durch die große Kirche geprägt. In den 1920er Jahren wollte man auf diesem Platz ein Gebäude im Stil des Bauhauses errichten. Das Bauhaus stand für klare und strenge Formen und Abkehr vom Schmuck der bisherigen Stile. Dafür gab es sogar einen großen Architekturwettbewerb. Das Gebäude besitzt ein Flachdach und ein Lochfassade. Ein Gebäude aus der gleichen Zeit ist beispielsweise das Köbo-Haus direkt neben der Schwebebahnhaltestelle Hauptbahnhof.

(36)

(37)

Seit 2021 befindet sich das Postboutique Hotel in dem Gebäude. Die Innenräume wurden aufwändig saniert und alles im Stil der 1920er Jahre (Art Deco) gestaltet.

(38)

Villa Braus

In Wuppertal-Ronsdorf befindet sich die ehemalige Villa des Bandwirker Fabrikanten Carl Braus. Die Villa wurde im Stil des Bergischen Barock erbaut. Das Gebäude hat drei Geschosse und einen geschwungenen Dachgiebel mit Fenstergauben (Öffnung im Dach).

In Wuppertal wurden ab Mitte der 1930er Jahre zahlreiche Kasernen errichtet. In der Nähe lag auch die Villa Braus. Im Jahr 1936 wurde sie der Familie weggenommen und umgebaut. Die Villa wurde zu einem Kasino für Offiziere. Leider ist in dieser Zeit auch der Springbrunnenplatz zerstört worden. Nach dem Zweiten Weltkrieg benutzte erst das britische Militär diesen Standort, ab 1968 dann die Bundeswehr. Du kennst bereits ein Hotel, was in der Zwischenzeit vom Militär genutzt wurde.

2002 wurde die Villa in die Denkmalliste eingetragen und 2012 wurde das Gebäude von einer Hotelier-Familie umgebaut. Das heutige Hotel hat 13 Zimmer und Suiten und einen Neubau mit 30 Zimmern.

Die Müngstener Bücke

Kurz und knapp

- Bauzeit: 1893-1897
- Brückentyp: Fachwerkbogenbrücke
- Planer: Anton von Rieppel
- Material: Stahl
- Höhe: 107 Meter
- Länge: 465 Meter
- Denkmallisteneintragung: 06.05.1985

Brücken sind beeindruckende Bauwerke. Sie überwinden Hindernisse wie Flüsse, Sümpfe oder Täler und verbinden damit gleichzeitig die Menschen, die von A nach B kommen wollen. Die ältesten bekannten Brücken wurden aus Holz gebaut. Funde belegen, dass bereits vor 3.500 Jahren erste Holzkonstruktionen den Menschen halfen, Hindernisse zu überwinden.

Für den Brückenbau müssen wir weiter in der Zeit zurückreisen als zuvor. Denn die Römer errichteten später Brücken aus Naturstein mit Rundbögen quer durch ihr Reich, um ihre Verkehrswege für Handel und Militär voranzutreiben. Die älteste Steinbrücke in Deutschland wurde 45 n. Chr. von den Römern gebaut. Der Beginn der Industrialisierung Ende des 18. Jahrhunderts brachte für den Brückenbau neue Baumaterialien. Eisen in Form von Schmiedeeisen, Gusseisen und Stahl, später dann Zement und Beton eröffneten neue Möglichkeiten, Brücken zu konstruieren.

Hoch über dem Tal ragt die Müngstener Brücke empor. Du kannst hier erkennen, wie steil die Berge an den Enden der Brücke sind. (39)

Geschichte der Mügstener Brücke

Die beiden benachbarten Städte Remscheid und Solingen im Bergischen Land waren in der Zeit der Industrialisierung aufstrebende Industriestädte. Vor allem die Produktion von Messern und Klingen bildete den wichtigsten Wirtschaftszweig der beiden Nachbarn. Zwar war jede Stadt für sich schon ans Eisenbahnnetz angeschlossen, allerdings gab es keine direkte Verbindung untereinander. Zwischen ihnen lag das tief eingeschnittene Tal der Wupper. Beide Städte forderten daher den Ausbau ihres Eisenbahnnetzes – und dies ganz konkret: in Form einer Eisenbahnbrücke über das zwischen ihnen liegende Tal der Wupper. Eigentlich waren sie in der Luftlinie nur 8km voneinander entfernt. Doch der Umweg für den Eisenbahnverkehr über die Stadt Elberfeld betrug fast 44km. Also mehr als das 5fache der Strecke!. Im Jahr 1890 stimmte der Preußische Landtag in Berlin der Forderung der Städte zu. Die gewünschte Brücke über das Tal der Wupper konnte gebaut werden. Das Brückenprojekt wurde 1891 von der Königlichen Eisenbahndirektion Elberfeld als Ideenwettbewerb ausgeschrieben. Bewerben konnten sich die großen deutschen Stahlbaufirmen.

> Tagebucheintrag von Emil,
> 22. März 1897
>
> Ich heiße Janusz und ich bin Bauarbeiter. Es ist der letzte Tag des Brückenbaus für die neue Kaiser-Wilhelm-Brücke. Es war wirklich eine Menge Arbeit. Vor vier Jahren haben wir angefangen und mithilfe von Sprengungen für mehr Platz gesorgt. Dafür haben wir eine Menge Dynamit und Schwarzpulver benötigt. Und heute haben wir den letzten Niet geschlossen – so vergeht die Zeit. Es soll eine feierliche Einweihung stattfinden, darauf bin ich schon gespannt. Ich frage mich, ob die sechs Unfälle während der Bauzeit dabei erwähnt werden.

Ausgewählt wurde der Entwurf der Firma MAN für eine Fachwerkbogenbrücke aus Stahl. Mit den Vorarbeiten zum Bau der Brücke wurde im Jahr 1893 begonnen. Eine Hilfsbrücke als Montagebrücke wurde direkt unter dem geplanten Bauwerk angelegt. Dies ermöglichte die Materialanlieferung über zwei Schmalspurbahnen. Ebenfalls entstand am nahegelegenen Schaberg ein großer Werkplatz. Auf ihm konnte das Material gelagert und die benötigten Stahlbauteile vormontiert werden. Eine der großen Herausforderungen bestand in der Topografie (also der Beschaffenheit der Erdoberfläche) des Geländes: die steile Hanglage. Du kannst es erahnen, wenn du dir die Fotos von der Müngstener Brücke anschaust.

Unterhalb der Brücke kannst du die Konstruktion noch besser erkennen (40)

Der Stahl der Brücke

Die gesamte Brücke ist eine Stahlkonstruktion unter Verwendung von Thomasflusseisen. Ausgenommen sind die Fundamente und der massive Unterbau. Sie sind aus Ruhrkohlesandstein gefertigt. Der Unterbau der Brücke wird auch Widerlager genannt und ist der Übergang zwischen Brückenkonstruktion und Erddamm. Außerdem leitet er die Lasten des Brückenüberbaus in den Baugrund ab. Der Unterbau der Brücke besteht aus sechs Gerüstpfeilern. Der große Bogen, der sich über die Tal spannt, hat eine mittlere Stützweite von 170 Metern. Verbaut wurden Stahlprofile mit 950.000 Niete und insgesamt 5.100t Stahl. Ein Niet wird zur Herstellung einer Verbindung von zwei übereinanderliegenden flachen Materialien genutzt. Beim Nieten wird der Nietkopf so verformt, dass er die beiden Materialien aneinander presst und die Verbindung fast unlösbar wird. Holz kam als Baumaterial nicht zum Einsatz. Auch nicht als Unterlage für die Schienen im Brückenüberbau.

Weißt du schon …

… was Thomasflusseisen ist?

Hast du dich vielleicht über den seltsamen Namen dieses Materials gewundert, das für die Müngstener Brücke verwendet wurde? Er stammt von seinem Erfinder Sydney Thomas. Das Thomasflusseisen ist eine Form von flüssigem Eisen. Wir kennen es heute als Stahl. Der Begriff ist damit eine alte Bezeichnung für Stahl und wurde in der Entstehungszeit der Müngstener Brücke benutzt.

So sieht die Brücke von der Plattform der Schwebefähre aus, mit der du die Wupper überqueren kannst! (41)

Besonders schwierig und herausfordernd war der Bau des großen Hauptbogens der Brücke. Du kannst ihn auf dem Foto links sehen. Er wurde im sogenannten Freivorbau errichtet. Das heißt, der Bogen wurde von den gegenüberliegenden hervorstehenden Enden gleichzeitig frei aufeinander zugebaut. Es wurde vom Pfeilersockel ausgehend begonnen. Die beiden Enden mussten sich also passgenau treffen. Die fertig montierten Bauteile wurden auf die Montagebrücke gefahren und über Kräne angehoben. Das Prinzip des freien Vorbaus half, Baukosten (kein Lehrgerüst, das den Bogen bis zur Fertigmontage gestützt hätte, nötig) und Bauzeit zu verringern. Durch Verankerungen in den Untergrund und die fertigen Nebenfelder wurden die angreifenden Kräfte abgeleitet. Am 22. März 1897 wurde das letzte Niet geschlossen.

Am 3. Juli 1897 fuhr die erste Lokomotive über die Brücke. Es folgte eine intensive Belastungsprobe durch mehrere Züge. Am 15. Juli schließlich wurde die Brücke als „Kaiser-Wilhelm-Brücke" (bis 1918) mit einem großen Festakt eröffnet. Kaiser Wilhelm II. erschien nicht persönlich, sondern ließ sich von Prinz Leopold von Preußen vertreten. Die fertiggestellte Eisenbahnbrücke war ein hochmodernes Bauwerk. Seine Entstehung wurde mit großem Interesse von nationalen und internationalen Fachkreisen verfolgt. Bis heute ist die „Müngstener-Brücke" mit 107m die höchste Eisenbahnbrücke Deutschlands.
Mit zunehmendem Alter musste sie im Laufe der Jahre mehrfach instand gesetzt werden. Nach den Vorgaben des Denkmalschutzes wurde die Brücke bis 2018 saniert. Dabei wurde der ihr anhaftende Rost entfernt und durch einen Neuanstrich ersetzt.

Die Zukunft der Brücke

Kurz vor ihrem 90. Geburtstag am 6. Mai 1985 wurde die "Müngstener Brücke" unter Denkmalschutz gestellt. Danach wurde sie zum Kulturdenkmal von nationaler Bedeutung. Seit dem Jahr 2012 laufen Bemühungen, die Brücke als UNESCO-Welterbe anerkennen zu lassen.

Weitere Brücken

Die sechs europäischen Großbogenbrücken

Du hast schon erfahren, dass es seit einigen Jahren den Versuch gibt, die Müngstener Brücke zum UNESCO-Welterbe zu machen. Sie ist aber nicht die einzige Brücke, die den UNESCO Status bekommen soll. Denn sie ist eine von insgesamt sechs Brückenkonstruktionen in Europa, die sich zusammen als eine Gemeinschaft bei der UNESCO-Kommission bewerben. Gemeinsam bilden sie ein wichtiges Zeugnis der technischen Entwicklung des 19. Jahrhunderts in Europa. Zu der Brückengemeinschaft gehören:

(42)

Ponte Dom LuÍs I.

Die Ponte Dom Luis hat eine Spannweite von 172 Metern und ist über dem Fluss Douro gebaut. Damit dient sie als Verbindung zwischen den beiden Städten Porto und Vila Nova de Gaia in Portugal. Entwickelt wurde sie vom belgisch-deutschen Bauingenieur Theophile Seyrig im Jahr 1886. Von ihm stammt auch die Ponte Maria Pia in Portugal (1875-1877). Sie ist die zweite Bewerberin aus diesem Land und verfügt über eine etwas geringere Spannweite von 160 Metern.

(43)

Viaduc du Viaur
Von 1895 bis 1902 wurde die Viaduc du Viaur nach Ideen von Paul-Jospeh Bodin gebaut. Sie ist bis heute die größte Stahlbrücke Frankreichs und überspannt das Tal Viaur über ganze 220 Meter. Neben ihr gibt es noch eine weitere Brücke in Frankreich, die Teil der Brückengemeinschaft ist. Die Viaduc de Garabit wurde von Gustave Eiffel, dem Konstrukteur, des Eiffelturms, entwickelt und von 1880 bis 1884 gebaut. Sie ist 122m hoch, 565m lang und hat eine Spannweite von 165 Metern.

(44)

Ponte San Michele
Eine weitere Brücke aus der Brückengemeinschaft ist die 85m hohe Ponte San Michele. Sie überfängt den Fluss Adda 150 Meter weit und befindet sich in der Nähe von Mailand in Norditalien. Weil sie vom Schweizer Jules Röthlisberger zwischen 1887 und 1889 geplant wurde, ist sie ein bedeutsames Beispiel für den Wissensaustausch im Europa des 19. Jahrhunderts.

Die Schwebebahn

Gerade fährt die Schwebebahn ein. Die blauen Wagen gehören zu der neuesten Generation 15. Ganz am Ende des Waggons haben sie eine große Fensterfläche. (45)

Fragt man die Wuppertaler nach dem Wahrzeichen ihrer Stadt, dann lautet die Antwort wie selbstverständlich: Die Schwebebahn.

Täglich nutzen fast 85.000 Fahrgäste dieses ungewöhnliche Verkehrsmittel. Über dem Fluss Wupper schlängelt sich die Schwebebahn an ihrem Gerüst von West nach Ost und legt so knapp 13,3km Strecke zurück. Dabei überquert sie auch ein Autobahnkreuz, verlässt in Sonnborn den Lauf der Wupper und schwenkt über die Straße ein. Ihre Wagen schweben hier dicht an den Fenstern der Häuser vorbei. Seit dem 26. Mai 1979 steht die Anlage unter Denkmalschutz.

Technisch gesehen schwebt die Schwebebahn aber gar nicht. Sie ist als sogenannte Einschienenhängebahn eingestuft. Ihre Räder, jeweils paarweise hintereinander angeordnet, laufen über die Schiene des Traggerüsts und verlassen diese Schiene auch nicht – etwa um zu schweben. Als die Schwebebahn zu Beginn des 20. Jahrhunderts gebaut wurde, galt sie nach dem Preußischen Kleinbahngesetz sogar als Eisenbahn. Später erfolgte die Einstufung als Straßenbahn. Heute gilt sie als eine "Straßenbahn der besonderen Bauart".

Die Baugeschichte

Die beiden aufstrebenden Industriestädte Elberfeld und Barmen waren bereits in den 1840er Jahren an das Eisenbahnnetz angeschlossen worden. Doch nicht nur die Waren und Güter wollten bewegt werden. Auch die wachsende Bevölkerung wollte sich schnell innerhalb des Tals der Wupper fortbewegen können. Das Problem war der öffentliche Nahverkehr. Denn der bestand vor allem aus einer von Pferden gezogenen Straßenbahn. Zwar wurde sie 1896 elektrifiziert, dennoch entsprach sie immer noch nicht dem Wunsch nach einer modernen und schnellen Stadtbahn. Was also tun? Die Talsohle war eng, die Straßen schmal, der Verkehr mit Pferde-Bahn und Pferde-Omnibussen dicht.

Kurz und knapp

- Bauzeit: 1898-1903
- Bauherr: Schuckert & Co mit den Kommunen Barmen, Elberfeld und Vohwinkel
- Erfinder: Eugen Lange
- Streckenlänge: 13,3 Kilometer
- Höhe: 8-12 Meter
- Material: Stahl, Blech, Glas
- Denkmallisteneintragung: 26.05.1979

Eine historische Aufnahme aus der Bauzeit der Schwebebahn. Sie zeigt das Montagegerüst für den Streckenabschnitt an der Schillerstraße (heute: Pestalozzistraße). (46)

Die Städte Barmen, Elberfeld und Vohwinkel reihten sich wie Perlen an das Band der Wupper. Das nennt man auch eine Bandstadt. Eine U-Bahn wie in London schied aus Kostengründen aus. Aber über der Wupper bot sich ausreichend Freiraum an – alles Ideale Voraussetzungen also für eine Hochbahn.

So wählten die Elberfelder und Barmer Stadtverordneten im Frühjahr 1887 eine "Kommission zur Prüfung des Projektes einer Hochbahn".

Im Dezember des Jahres 1894 entschieden sich die Stadtverordneten Versammlungen beider Städte gegen eine elektrische Hochbahn.

Sie wählten dafür den Vorschlag Eugen Langens einer "Hochbahn mit freischwebend hängenden Personenwagen". Vom Konstrukteur selbst wurde sie dann "Schwebebahn" genannt. Diese Schwebebahn benötigte wenig Platz und bot große Sicherheit. Außerdem war sie günstiger in den Baukosten als eine Hochbahn.

Weißt du schon ...

... woher der Name der Station „Ohligsmühle" kommt?

Eine „Ölmühle" heißt auf Plattdeutsch „Ohligsmöhle" und ist eine besondere Form einer Wassermühle. Da dort so eine Mühle bis 1870 stand, wurde die Schwebebahnstation nach ihr benannt.

Eine Aufnahme der Haltestelle am Döppersberg in Elberfeld um 1908. Du kannst außerdem die ehemalige Straßenbahn sehen. (47)

Hier siehst du genau den gleichen Ort wie auf dem linken Bild. Nur mit dem Unterschied, dass es zwei verschiedene Bahnhöfe sind – links der Jugendstilbahnhof, rechts der moderne Bahnhof mit dem Köbo-Haus. Es liegen mehr als hundert Jahre zwischen den beiden Fotografien! (48)

Eugen Langen

Eugen Langen war ein erfolgreicher Unternehmer, Ingenieur und Erfinder. Er hatte bereits zuvor nicht weit entfernt eine hundert Meter lange Teststrecke für seine Erfindung gebaut. Sie befand sich auf dem Gelände der Kölner Waggonfabrik van der Zypen & Charlier. Zunächst experimentierte er noch mit zwei Schienen. Später dann aber ließ er seine Wagen an einer Schiene hängen und meldete dieses System zum Patent an.

Langens Idee war durch den späteren Schwebebahn-Bauleiter Wilhelm Feldmann ausgearbeitet worden. In dieser Form hatte sie den Zuspruch der Barmer und Elberfelder Interessenten erhalten. Ende des Jahres 1894 wurde der Vertrag zum Bau der Schwebebahn mit den Städten Elberfeld und Barmen unterzeichnet.

Der Erfinder selbst erlebte die Verwirklichung seiner Idee nicht mehr. Eugen Langen starb noch im Jahr 1895 an den Folgen einer Fischvergiftung. Mit dem Bau der Schwebebahn wurde erst drei Jahre später begonnen.

Baubeginn und Eröffnung

Im Sommer des Jahres 1898 begannen die Bauarbeiten über und in der Wupper. Mit dem Baumaterial Stahl gab es zu diesem Zeitpunkt noch wenig Erfahrung. Dennoch wagte man sich bei der Schwebebahn an eine Konstruktion aus Stahl. Eine weitere Herausforderung war der Wasserstand der Wupper. Nur bei Niedrigwasser konnte gebaut werden, um das Podest für das Behelfsgerüst im Wuppergrund mit Pfählen zu verankern. Es wurde zunächst eine 440 Meter lange Teststrecke errichtet. Auf ihr wurden im Dezember des Jahres die ersten Probefahrten aufgegleist.

Die erste Probefahrt erfolgte mit einer Höchstgeschwindigkeit von 16 km/h. Zügig schritten die Bauarbeiten voran. Bereits im Oktober 1900 konnte das Kaiserpaar, Wilhelm II. und seine Frau Auguste Viktoria, einen Teil befahren. Im Zuge eines großen Festes durften sie von Elberfeld Mitte (Döppersberg) bis Vohwinkel schweben. Doch die normale Bevölkerung musste sich noch mit einer Fahrt gedulden. Ein halbes Jahr nach der Kaiserfahrt wurde ein langes Teilstück mit Bahnhöfen für den öffentlichen Personenverkehr freigegeben. Der 1. März 1901 war das Datum der offiziellen Betriebseröffnung.
Der Andrang der Menschen im Tal der Wupper war unglaublich groß, jeder wollte einmal ein Stück mit der Schwebebahn fahren. 1903 war die gesamte Strecke durch das Tal der Wupper fertig. Endlich konnten sie nun über die Talsohle schweben.

Die Station Werther Brücke in Barmen gilt als die schönste Schwebebahnstation. Die äußere Gestalt von Bauwerken bezeichnet man auch als "Stil". Den Stil der Station Werther Brücke nennt man "Jugendstil". (49)

Die Konstruktion

Der Konstrukteur des Schwebebahngerüsts war Anton Rieppel. Er war bereits 1897 für den Bau und die Fertigstellung der Müngstener Brücke verantwortlich. Sein nach ihm benannter und patentierter „Rieppel-Träger" galt als wichtigste Innovation für die Konstruktion des Schwebebahngerüsts. Dieser Träger besteht aus drei Flächentragwerken, die miteinander über Diagonalstäbe verbunden sind. Sie schützen die Gerüstkonstruktion etwa vor Pendelbewegungen bei der Kurvenfahrt der Schwebebahn. Gleichzeitig sicherten sie die Stromversorgung der Wagen. Rieppel war Direktor der Maschinenbau-Aktiengesellschaft in Nürnberg (MAN), die Generalunternehmer für den Bau des Gerüsts und der Bahnhöfe war.

Dabei wurden 19.200 Tonnen Eisen verarbeitet, die gesamte Strecke hatte 472 Eisenstützen. Die Baukosten betrugen rund 16 Millionen Goldmark. Für damalige Verhältnisse eine gewaltige Summe, die die Aktiengesellschaft investiert hatte.
Natürlich stießen die Pläne zum Bau einer solch gewagten Konstruktion bei den Menschen im Tal der Wupper nicht nur auf Begeisterung.
Die Pferdebahngesellschaft klagte gegen den Bau aus Angst um ihr Monopol der Personenbeförderung. Hausbesitzer entlang der Schwebebahnstrecke – vor allem über die Straße – befürchteten Nachteile für ihre Immobilien.
Und einige Sektenanhänger sahen in ihr und der Idee, den Luftraum über der Wupper zu nutzen, ein Herausfordern Gottes …

Dennoch wurde die Schwebebahn nach ihrer Inbetriebnahme innerhalb kurzer Zeit zum wichtigsten Transportmittel. Bereits 25 Jahre nach der Fahrt des Kaiserpaares hatte die Schwebebahn 20 Millionen Fahrgäste durch das Tal der Wupper befördert. 1926 wurde ein neuer Bahnhof Döppersberg feierlich in Betrieb genommen. Denn der Vorgängerbau war für die große Menge an Fahrgästen bereits nach wenigen Jahren zu klein geworden.
Im Zweiten Weltkrieg wurde die Schwebebahn, ihr Gerüst und ihre Bahnhöfe mehrmals von Bomben getroffen. Dennoch fuhr sie weiter, oft nur auf noch intakten Teilstrecken. Auch bei den Luftangriffen auf Barmen und Elberfeld 1943 wurden das Gerüst und die Stützen der Schwebebahn schwer getroffen. Der Fahrbetrieb war nur als Notbetrieb mit Pendelwagen möglich. Kurz vor Kriegsende 1945 wurden die beiden Wagenhallen bzw. die Werkstatt schwer beschädigt, an einer Stelle stürzte das Gerüst ein. Monatelang fiel die Schwebebahn nun aus. Nach Kriegsende begab man sich an den Wiederaufbau der Schwebebahn. Ostern 1946 konnte sie ihren Rundverkehr wiederaufnehmen.

Weißt du schon …

… wie die Landstrecke zwischen den Stationen „Vohwinkel" und „Sonnborner Straße" zu Beginn genannt wurde??

Da man auf diesem Streckenabschnitt von der Schwebebahn aus in die Wohnungen gucken kann, hatten die Anwohner Gardinen als Sichtschutz bezahlt bekommen, deshalb nannten die Wuppertaler diesen Abschnitt „Gardinenstangenstrecke"..

Tuffi – 1950 Wuppersprung

Am 21. Juli 1950 bestieg der kleine Elefant Tuffi die Schwebebahn im Bahnhof „Alter Markt". Tuffi wurde von vielen Journalisten und Fotografen begleitet, um auf das Gastspiel des Zirkus Althoff in der Stadt aufmerksam zu machen. Doch bereits nach der ersten Kurve hatte die junge Elefantenkuh genug von der Fahrt in der Schwebebahn. Nach nur wenigen Metern Fahrt wurde sie unruhig und durchbrach schließlich die Enge des Wagens mit der Nummer 13. Sie stürzte durch das Loch in der Wagenwand in den Fluss. Offensichtlich landete sie weich im niedrigen Flussbett, denn sie trug nur eine (sichtbare) Schramme am Po davon und ließ sich nach diesem Vorfall sofort zurück in ihr Zirkusquartier führen. Der Vorfall geschah völlig unerwartet. Weder die anwesenden Fotografen oben im Schwebebahnwagen noch die unten am Ufer hatten Zeit, auf den Auslöser ihrer Kamera zu drücken. Ein Foto vom Fall des kleinen Elefanten wurde daher nicht geschossen. Das heute oft publizierte Bild vom freien Fall von Tuffi ist eine Fotomontage.

(50)

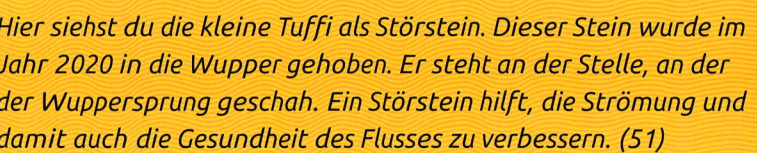
Hier siehst du die kleine Tuffi als Störstein. Dieser Stein wurde im Jahr 2020 in die Wupper gehoben. Er steht an der Stelle, an der der Wuppersprung geschah. Ein Störstein hilft, die Strömung und damit auch die Gesundheit des Flusses zu verbessern. (51)

Umbau der Schwebebahn

Durch den jahrelangen tagtäglichen Einsatz zeigten das Schwebebahngerüst sowie die Wagen im Laufe der Zeit Verschleiß- und Gebrauchsspuren. Hin und wieder wurden die Wagen durch neue Baureihen ersetzt, um auf den neuesten Stand der Technik zu kommen. Bereits seit Ende der 1970er Jahre wurden immer wieder bei Bedarf Teile des Gerüsts erneuert. Nun sollte alles auf den neuesten Stand der Technik gebracht werden: Von April 1995 bis 2014 dauerte der Schwebebahnausbau, die Sanierung und der komplette Austausch aller Stützen und Schienen und Haltestellen. Nur drei Bahnhöfe wurden nicht demontiert. Drei weitere Haltestellen stammten noch aus den Anfangsjahren der Schwebebahn.

Sie wurden formidentisch im Jugendstil neu errichtet. Letztendlich wurden noch die Gelenktriebwagen erneuert – nun schwebt die Generation 15 durchs Tal der Wupper.

Im Zuge der größten Umbauphase ereignete sich leider das folgenschwerste Unglück in der Geschichte der Schwebebahn. Am Morgen des 12. April 1999 fuhr der erste Zug des Tages auf ein auf der Schiene angebrachtes Metallstück („Kralle") auf. Es war von der Baufirma nach Gerüstarbeiten am Vortag nicht entfernt worden. Der Zug entgleiste und stürzte knapp 10 Meter tief in die Wupper. Dabei fanden 5 Fahrgäste den Tod, 47 wurden verletzt.

Im April 2014 feierten die Wuppertaler Stadtwerke den offiziellen Abschluss der Schwebebahnausbaus. Als Zeichen der Fertigstellung wurde ein goldenes Niet in das Gerüst geschlagen.

Fakten

Von der westlichen Endstation in Vohwinkel bis zur östlichen Endstation in Oberbarmen legt die Schwebebahn insgesamt eine Strecke von 13,3km zurück. 10km gehen über die Wupper, der Rest ist eine Landpartie.
16 Bahnhöfe befinden sich über der Wupper, nur 4 sind auf der Landstrecke. Täglich nutzen knapp 80.000 Fahrgäste die Schwebebahn.
Für diese Strecke benötigt sie einschließlich der Haltezeiten an den 20 Bahnhöfen knapp 30 Minuten. Für das Schwebebahngerüst wurden 19.200 Tonnen Stahl verbaut. Beim Umbau der Schwebebahn wurden 40.000 Tonnen Stahl verbaut. Insgesamt tragen 472 Brückenträger das Gerüst. Die neuen Wagen der Generation 15 fahren mit einer Höchstgeschwindigkeit von 60 km/h (zugelassenen Höchstgeschwindigkeit, max. Höchstgeschwindigkeit der Wagen 65 km/h), damit konnte der Takt von 3 auf 2 Minuten verringert werden.

Liebe Mina,

heute gehe ich zur Eröffnung der Schwebebahn! Ich wünschte, du könntest sie auch sehen, sie ist so, so, so groß. Gerade kann ich es mir gar nicht vorstellen, tatsächlich so hoch in der Luft über der Wupper zu fahren – diese Bahn mit ihren Schienen sieht aus wie ein Drache und sie hört sich auch wie einer an! Aber wenn selbst unser Kaiser damit fährt, dann traue ich mich auch. Meine Eltern kommen auch mit, so gut wie alle wollen heute dabei sein. Heute können wir erstmal von der Kluse bis zum Zoo fahren, aber in ein paar Wochen dann sogar bis nach Vohwinkel. Stell dir das mal vor, bei uns fliegen jetzt einfach die Busse. Eigentlich wollten manche ja eine U-Bahn durch die Stadt haben. Aber Papa meinte zu mir, das geht nicht, weil kein Platz dafür sei und unter der Erde so viele Felsen sind.
Ich bin so aufgeregt!

Deine Alma

Weitere ungewöhnliche öffentliche Verkehrsmittel

Die Wuppertaler Schwebebahn ist nicht das einzige Verkehrsmittel in Deutschland, bei dem eine Menge Erfindungsreichtum zum Einsatz kam. Auch die folgenden Fahrzeuge für den Personentransport sind auf spezielle Art an ihre Region angepasst und dabei oftmals erstaunlich zukunftsweisend.

(52)

Oberleitungsbusse Solingen
In den 1950er Jahren wurden die Oberleitungsbusse der Stadt Solingen in Betrieb genommen. Das Busnetz besitzt eine Streckenlänge von 56,6 Kilometern und ist das größte der drei erhaltenen O-Bussysteme Deutschlands.
Ein O-Bus wird anstatt mit Kraftstoff von Strom angetrieben. Er bezieht diesen aus einer über der Fahrbahn gespannten Oberleitung. Somit ist das im Volksmund auch "Stangentaxi" genannte Fahrzeug besonders klimafreundlich.

(53)

(54)

Dresdener Schwebebahn

Du hast schon erfahren, dass die Wuppertaler Schwebebahn genau genommen eine Einschienenhängebahn ist. Auch die Dresdener Schwebebahn gehört zu dieser Bauart. Sie wurde ebenfalls von Eugen Langen gebaut. Jedoch erstreckt sich die Dresdener Schwebebahn über einen viel kürzeren Abschnitt von knapp 300 Metern. Zudem führt sie als eine Berg-Seilschwebebahn nicht über ein Tal, sondern transportiert dich einen Berg hoch und hinunter.

Barmer Bergbahn

Von 1894 bis 1959 ermöglichte es die Barmer Bergbahn in Wuppertal den Anwohnern der Stadt, bequem aus der Talsohle hinauf zu Erholungsgebieten rund um den Toelleturm zu gelangen. Weite Streckenteile führten durch den Park der Barmer Anlagen, der ein beliebtes Ausflugsziel war. Die Zahnradbahn wurde 1959 stillgelegt.

(55)

Die Schwimmoper

Hier siehst du die Südfassade der Schwimmoper (56)

Auf dem Wuppertaler Johannisberg steht die Schwimmoper. Sie wurde direkt neben der historischen Stadthalle gebaut. Mit dem Bau der Stadthalle wurde 1896 begonnen. Sie wurde im Stil der Neu-Renaissance erbaut. Die Stadthalle diente damals wie heute als großes Haus für Konzerte und Veranstaltungen. Von 1953 bis 1957, also über 60 Jahre nach dem Baubeginn der Stadthalle, wurde die Schwimmoper gebaut. Ihr Architekt hieß Friedrich Hetzelt.

Der Bau der Schwimmoper setzte in Wuppertal, aber auch in der Region, neue Maßstäbe. Anstelle eines Bades ausschließlich für Privatpersonen sollten Wettkämpfe im Vordergrund stehen. Zu Spitzenzeiten in den 1960er Jahren besuchten 600.000 Leute die Schwimmoper pro Jahr! Diese Geschichte ist heute noch erkennbar an den Tribünen links und rechts vom Schwimmbecken. Auch heute noch finden dort zahlreiche Sportturniere statt.

Weißt du schon...
...was Fassade bedeutet?
Es kommt aus dem Lateinischen und bedeutet wörtlich übersetzt „Angesicht". So werden die Außenteile eines Gebäudes Fassade genannt. Oft wird der Begriff auch für den Teil des Gebäudes verwendet, der am meisten auffällt.

Die Schwimmoper fällt besonders durch ihre „gebogene" Form auf. Die Vorderseite eines Gebäudes wird Fassade genannt. Die Fassade der Schwimmoper ist für ihre sehr großen und vielen Fenster bekannt. Da die Fassade nach Süden gerichtet ist, fällt viel Sonnenlicht ins Bad. Wenn du zur richtigen Tageszeit vor der Schwimmoper stehst, spiegelt sich die Stadthalle in den Fenstern der Schwimmoper. Durch das Licht hast du aber auch aus der Schimmoper heraus, aus dem Schwimmbecken und von den Tribünen, einen sehr guten Blick.

Kurz und knapp

- Bauzeit: 1955-1957
- Baustil: Nachkriegsmoderne
- Bauart: Stahlbetonkonstruktion
- Architekt: Friedrich Hetzelt
- Material: Stahlbeton, Glas, Klinkersteine
- Denkmallisteneintragung: 21.09.1995

Nach dem Zweiten Weltkrieg wurde in Wuppertal diskutiert, wo die zerbombte Oper der Stadt wiederaufgebaut werden sollte – auch der Johannisberg wurde als Bauort in Betracht gezogen. Aber es kam anders: am Johannisberg solllte ein neues Stadtbad entstehen. Als Architekt wurde Friedrich Hetzelt beauftragt, der auch das Opernhaus sanierte.

Die Wuppertaler gaben dem Stadtbad scherzhaft den Namen „Schwimmoper". Seit 2019 trägt die Schwimmoper den Namen nun offiziell, du kannst ihn zum Beispiel am Haupteingang über der Tür finden.

In modernen Bauwerken wurde viel mit neuen Materialien experimentiert. Früher war viel mit Stein und Mörtel gebaut worden.

Seitlich kannst du die Konstruktion und das geschwungene Dach noch besser erkennen. (57)

In der Abenddämmerung kommt die große Fensterfassade der Schwimmoper durch ihre Beleuchtung besonders gut zur Geltung. (58)

Durch die Kombination von Stahl (Metall) und Beton (Kies und Zement) wurden neue Bauformen möglich, da diese Materialien stabiler und flexibler sind.
Die Schwimmoper ist aus einer Stahlbeton-Konstruktion gebaut. Das Dach ist aus Leichtbeton und hängt nur an Stahlseilen befestigt. Für diese Konstruktion musste extra ein Spezialist aus Stuttgart in Wuppertal helfen. Ein weiteres Bauwerk aus Stahlbeton ist z. B. der Wuppertaler Sparkassenturm. Den Sparkassenturm kannst du vom Johannisberg aus auch sehen.

Doch die Baugeschichte der Schwimmoper war nach ihrer Fertigstellung keineswegs abgeschlossen. Denn schon nach einigen Jahren zeigten sich Mängel und sie musste saniert werden. Viele Ideen wurden diskutiert, was man aus dem Schwimmbad stattdessen machen könne. Es gab die Idee, aus ihr ein Weltraumerlebniscenter zu machen. Aber da sie seit 1995 unter Denkmalschutz steht, wurde sich dafür entschieden das Bad zu erhalten.

Die Sanierung

Von 2007 bis 2010 wurde die Schwimmoper aufwändig saniert. Da sie ursprünglich für sportliche Wettkämpfe ausgelegt worden war, wurden nun Presseräume unterhalb der Tribünen eingerichtet. Außerdem gibt es nun Zugänge für Menschen mit körperlichen Einschränkungen. So können alle am Badespaß teilnehmen! Große Teile des Gebäudes wurden erhalten und saniert. So konnten z.B. die Mosaikfliesen erhalten bleiben. Neu ist unter anderem auch ein Fitnessbereich.

Die Eröffnung

Das Richtfest im Januar 1956 war ein echter Reinfall. Durch starken Schneefall musste der Ort für das Richtfest in die Börsenhalle des ehemaligen Schlachthofs verlegt werden, der zum Glück außer Betrieb war. Im Juni 1957 konnte die Schwimmoper dann eröffnet werden.

Hier siehst du die Südseite mit dem Eingang zur Schwimmoper. (59)

Bei Nacht sieht die Schwimmoper eindrucksvoll aus. (60)

Liebe Aylin,

gestern war mein großer Wettkampf! Er fand dieses Jahr in der sogenannten Schwimmoper von Wuppertal statt. Mit ihren hochaufragenden Zuschauertribünen auf beiden Seiten erinnert sie wirklich an eine Oper. In der Mitte liegt das große Schwimmbecken.

Aus dem Wasser kann man durch eine riesige Glaswand nach draußen auf die Stadt schauen.

Außerdem passen eine Menge Menschen in das Schwimmbad hinein, daher war ich ganz besonders aufgeregt. Aber es lief gut, ich habe den dritten Platz belegt!

Bald sehen wir uns wieder, bis dahin wünsche ich dir alles Liebe,

deine Leila

Weitere interessante Bäder

(61)

Alsterschwimmhalle
Im Norden von Deutschland in Hamburg befindet sich an dem Fluss Außenalster die Alsterschwimmhalle. Sie wurde 1973 gebaut. Sie besitzt eine ebenfalls markante Fassade mit zwei hochgezogenen Dächern, die zur Mitte hin stark abfallen. Im Volksmund wird sie ebenfalls Schwimmoper genannt, wegen ihrer besonderen Bauform.

(62)

Barmer Stadtbad
1882 wurde ein prunkvolles Stadtbad in Wuppertal-Barmen mit Backsteinfassade errichtet. Du kannst es noch heute besichtigen, es befindet sich hinter Rathaus. Heute befindet sich das Wuppertaler Brauhaus in den Räumlichkeiten des ehemaligen Schwimmbades. Gerade im Innenraum lassen sich noch viele Spuren von der vergangenen Nutzung finden.

Melbourne Olympiabecken
Im Jahr 1956 fanden die Olympischen Sommerspiele in Melbourne in Australien statt. Die dafür errichtete Schwimmhalle weist einige Ähnlichkeiten zur Wuppertaler Schwimmoper auf, auch wenn der Architekt Friedrich Hetzelt dies immer bestritten hat.

(63)

Der Nevigeser Dom

In Velbert-Neviges befindet sich auf einer kleinen Anhöhe ein imposantes Bauwerk: Der Nevigeser Dom. Wie ein gigantischer Steinfelsen ragt er empor. Große Terrassen davor ermöglichen den allmählichen Aufstieg zum Gebäude.

Ein Wunder geschieht

1676 soll einem Franziskanermönch beim Gebet Maria, die Mutter Gottes, erschienen sein. Sie soll zu ihm gesprochen haben, dass sie wünsche, nach Hardenberg gebracht zu werden, um dort verehrt zu werden. Der Hardenberg befindet sich im heutigen Stadtteil Velbert-Neviges. Damals beschlossen die Franziskaner, genau dort ein Kloster zu errichten. Der Orden der Franziskaner war von Franziskus von Assisi gegründet worden. In diesem Bettelorden mussten die Mönche sehr genügsam leben.

Nach Neviges kamen besonders viele Pilger. Es wurde ein Wallfahrtsort. In den 1950er Jahren wurde klar, dass ein größeres Gotteshaus gebaut werden musste, um den Pilgeransturm besser zu bewältigen.

Die markante Fassade des Nevigeser Doms erhebt sich ein gutes Stück über seine Umgebung. Wie der gezackte Felsen einer schroffen Klippenlandschaft sieht er aus. (64)

Die Baugeschichte

Für so ein großes Bauprojekt wie einen Dom wird wird meistens ein Wettbewerb ausgerichtet. Verschiedene Architekten können sich dann mit ihren Entwürfen bewerben. Der Kölner Kardinal Josef Frings war zu diesem Zeitpunkt fast blind und hatte alle Bewerber gebeten, ein Modell ihrer Kirche zu bauen. Er wollte die Modelle gerne mit der Hand abtasten. Er entschied sich für den Entwurf von Gottfried Böhm. Im Mai 1968 konnte der Dom eingeweiht werden.

Kurz und knapp

- Bauzeit: 1966-1968
- Baustil: Brutalismus
- Bauart: Stahlbetonbau mit Sichtbetonfassade
- Architekt: Gottfried Böhm
- Material: Beton, Glas
- Höhe: 34 Meter
- Denkmallisteneintragung: 10.05.1995

Weißt du schon…
… was Brutalismus ist?

Der Dom wurde im Stil des Brutalismus gebaut. Das ist ein Baustil, der in den 1950er Jahren aufkam. Der Name kommt nicht vom deutschen Wort brutal, sondern vom französischen Wort „béton brut" für Sichtbeton. Denn der Sichtbeton war das prägende Baumaterial. Er wurde mit simplen geometrischen Formen und einer groben Gliederung der Gebäude kombiniert. Ein weiteres Bauwerk im Stil des Brutalismus ist die Bergische Universität Wuppertal.

Gottfried Böhm

Gottfried Böhm (1920-2021) stammte aus einer Architektenfamilie. Bereits sein Vater Dominikus und sein Großvater Alois hatten viele Kirchen gebaut. Neben Architektur studierte Gottfried Böhm auch Bildhauerei. Das findet sich auch in vielen seiner Bauwerken wieder.
Er hat vier Söhne, drei davon wurden ebenfalls Architekten. Gottfried war besonders für seine außergewöhnlichen Formen und neuartigen Entwürfe bekannt.

Baubeschreibung

Die meisten Gebäude haben einen viereckigen Boden – und somit einen rechteckigen Grundriss. In Neviges sind jedoch die Außenwände, das Dach und der Grundriss unregelmäßig und nicht symmetrisch. Durch die Verwendung von Beton (ca. 7.500 Tonnen – das ist das Gewicht von über 5.000 Autos) wirkt das Gebäude sehr massiv.

Im Inneren des Doms ist es zunächst dunkel. Langsam gewöhnen sich deine Augen an die kleinen Lichtquellen überall. Vielleicht fühlst du dich auch wie im Eingang zu einer großen Höhle? In den Seitenbereichen gibt es große Fensterflächen, die je nach Tageszeit kräftig leuchten und den Innenraum der Kirche in ein besonderes Licht tauchen.

Das "Rosenfenster" verbindet eine kühle Schwarz-Weiß-Gestaltung mit einem intensiven, warmen Rot. Die Rose ist ein Zeichen für Maria und kommt daher oft in Kirchen vor. (65)

Die Fenster

Bestimmt sind dir die Fenster bereits aufgefallen. Das größte von ihnen ist das „Rosenfenster". Der Architekt hat auf dem Fenster mit dem Schriftzug „Gitta hilf" eine Erinnerung an sein Kindermädchen namens Gitta angebracht. Auf dem gegenüberliegenden „Heilig Geist-Fenster" hat er seinen verstorbenen Eltern und seinem Schwiegervater ein Denkmal gesetzt, indem er ihre Vornamen in das Glas einarbeiten ließ.
Die Fenster sind manchmal in Grisaille-Optik (Schwarz-Weiß) gestaltet in Kombination mit einer kräftigen Akzentfarbe.

Fenster in Grisaille-Stil in Kombination mit einer kräftigen Akzentfarbe kennst du bereits aus Altenberg. Nur in Neviges wurde sich z. B. dafür entschieden das Rosenfenster mit Rot abzusetzen..

Weißt du schon, dass ...

... man bis vor kurzem Tiere im Dom segnen lassen konnte?
Bis in das Jahr 2019 hinein haben die Franziskaner immer am 3. Oktober (Todestag des Heiligen Franziskus) Tiere gesegnet. Man konnte sein Haustier mitbringen und dem wurde dann der Segen gespendet. Nun leben die Franziskaner nicht mehr im Kloster des Nevigeser Doms. Daher findet die Segnung nicht mehr statt.

Genau wie das "Rosenfenster" befindet sich das "Heilig-Geist Fenster" in der Tabernakelkapelle des Doms. Hier hat Böhm ein lebhaftes Kornblumenblau in den Mittelpunkt gestellt. (66)

Die Idee

Gottfried Böhm wollte nicht, dass der neue Dom wie eine Burg wirkt. Er sollte an ein großes Zelt erinnern und die Besucher sich wie auf einem Marktplatz fühlen, mit dem Altar im Zentrum. Die Emporen und Nischen wirken wie Häuser oder kleinere Marktplätze.
Die Bewohner von Neviges nannten den Dom ironisch „Betonfelsen" oder „Felsendom". Aber das störte Böhm überhaupt nicht! Er fand der Dom sollte zu den Felsen des Bergischen Landes passen und sah es als Kompliment an.

Tagebucheintrag von Fernando
15. Juli 1974

Heute haben Juan und ich auf unserer Pilgerreise des Jakobswegs die Station Wuppertal Beyenburg erreicht. Von dort aus haben wir unseren Pfad etwas geändert, um einen Teil des Marienwallfahrtsweges zu gehen. Denn wir wollten das Gnadenbild der heiligen Mutter Gottes im Nevigeser Mariendom erblicken. Stark war unser Staunen, als wir das kleine Gnadenbild in seiner Einfassung betrachteten. Schon beim Betreten der Kirche konnten wir die besondere Stimmung des Raumes bemerken. Als dann das Sonnenlicht durch die großen seitlichen Fenster fiel, fühlten wir uns wie innerlich erhellt.

(67)

Weitere spannende moderne Kirchen

(68)

Die Autobahnkirche in Baden-Baden
Eine Pyramide als Kirche? Wo gibt es denn so etwas? In Baden-Baden steht eine Autobahnkirche, die 1978 eingeweiht werden konnte. Neben der Bauform sind die Betonglasfenster von Emil Wachter ein besonderes Merkmal. Sie beleuchten die Kirche mit Szenen wie aus einem Comic.

(69)

(70)

St. Konrad in Neuss
In Neuss-Gnadental befindet sich eine Pfarrkirche, die ebenfalls von Gottfried Böhm 1955 entworfen worden war. Diese Kirche ist auch aus Beton gebaut. Sie besitzt eine große zentrale Fensterfläche, auf der Rosen dargestellt sind. Das Motiv der Rosen hat Böhm lange begleitet.

Impressum

Herausgeber:	Bergischer Geschichtsverein, Abteilung Wuppertal e.V.
Autoren:	Maximilian Berkel / Folke Obermark-Stiller
Titel:	Die größten Bergischen Bauwunder
Reihe:	Beiträge zur Denkmal- und Stadtbildpflege des Wuppertals, Band 13
Copyright:	Bergischer Geschichtsverein, Abteilung Wuppertal e.V. & Verlag Schnell & Steiner GmbH, Leibnizstraße 13, 93055 Regensburg
Auflage	1. Auflage
Ort:	Wuppertal
Jahr:	2023
Verlag:	Verlag Schnell & Steiner GmbH
Druck:	Gutenberg Beuys Feindruckerei GmbH, Langenhagen
Layout:	BT-Grafik, Frank Thiemann
Lektorat:	Teresa Kaufmann
Mitarbeit:	Celina Stürmer, Lea-Sophie Enkelmann, Magdalena Rybarz
ISBN:	978-3-7954-3816-6

Gedruckt mit der freundlichen Unterstützung:

Diese Publikation entstand aus Ergebnissen der Übungen „Wahrzeichen des Bergischen Landes" (Wintersemester 2020/21 bis 2022/23) an der Bergischen Universität Wuppertal.

Bibliographische Informationen der Deutschen Nationalbibliothek: Die Deutsche Nationalbibliothek verzeichnet diese Publikation in der Deutschen Nationalbibliographie; detaillierte bibliographische Daten sind im Internet über https://dnb.de abrufbar.

Alle Rechte vorbehalten. Ohne ausdrückliche Genehmigung des Verlags ist es nicht gestattet, dieses Buch oder Teile daraus auf fototechnischem oder elektronischem Weg zu vervielfältigen.

Weitere Informationen zum Verlagsprogramm erhalten Sie unter: www.schnell-und-steiner.de

Abbildungen
Titelbild: Osterwald, Georg "Altenberger Dom, Ansicht von Westen", Mitte 19. Jahrhundert, aquarellierte Zeichnung | Kölnisches Stadtmuseum © **Rheinisches Bildarchiv Köln**, rba_c015326 || © **Pixabay**: Abb. 1, 4, 6, 15-18, 52 || © **Maximilian Berkel**: Abb. 2, 7-13, 19-28, 30-31, 33-35, 39-41, 45, 48-51, 53-54, 60, 64-70 || © **Stefanie Küthe**: Abb. 3 || © **Sammlung Bergischer Geschichtsverein e. V.** | BGV.02.N.10: Abb. 5 || © **Nicole Cronauge** | Bistum Essen: Abb. 14 || Rekonstruktionszeichnung: **Gerhard August Fischer** „Burg, Kirche und Freiheit Elverfeldt", Lithographie 1893.: Abb. 29 || © **Wolfgang Stahr** | Althoff Grand Hotel: Abb. 32 || © **Philip Kistner** | Postboutique Hotel: Abb. 36-37 || Wikimedia | © **H.-Georg Brüll**: Abb. 38 || Adobe Stock 114744647 | © **NickMo**: Abb. 42 || Adobe Stock 498552046 | © **Leonid Andronov**: Abb. 43 || © **Carsten Zimmermann** | Welterbe Müngstener Brücke e. V.: Abb. 44 || © **Privatsammlung**: Abb. 46-47 || WDR Digit | © **khgock**: Abb. 55 || **Susann Pfeiffer**: Abb. 56 || **Andreas Komotzki**: Abb. 57, 59 || Wikimedia | © **Matthias Böhm**: Abb. 58 || Wikimedia | **Staro1**: Abb. 61 || Wikimedia | ©**Atamari**: Abb. 62 || © **E. G. Adamson** "No title" (Olympic Swimming Pool, Melbourne) (c. 1956) | National Gallery of Victoria, Melbourne: Abb. 63

Illustrationen
Folke Obermark-Stiller: Cover, S. 10, S. 15, S. 21, S. 30, S. 51, S. 52, S. 55 ||
Celina Stürmer: S. 5, S. 7, S. 13, S. 14, S. 19, S. 23, S. 34, S. 58, S. 62